La Cavalcade.

ABÉCÉDAIRE

DES QUATRE PARTIES DU MONDE,

Contenant

Un petit Cours de Civilité et un petit Abrégé géographique des principales parties du monde.

A PARIS
Chez BELIN-LE PRIEUR, libraire,
Rue Pavée St. André des Arts, N.º 5.

a	b
c	d
e	f

g	h
i j	k
l	m

n	o
p	q
r	s

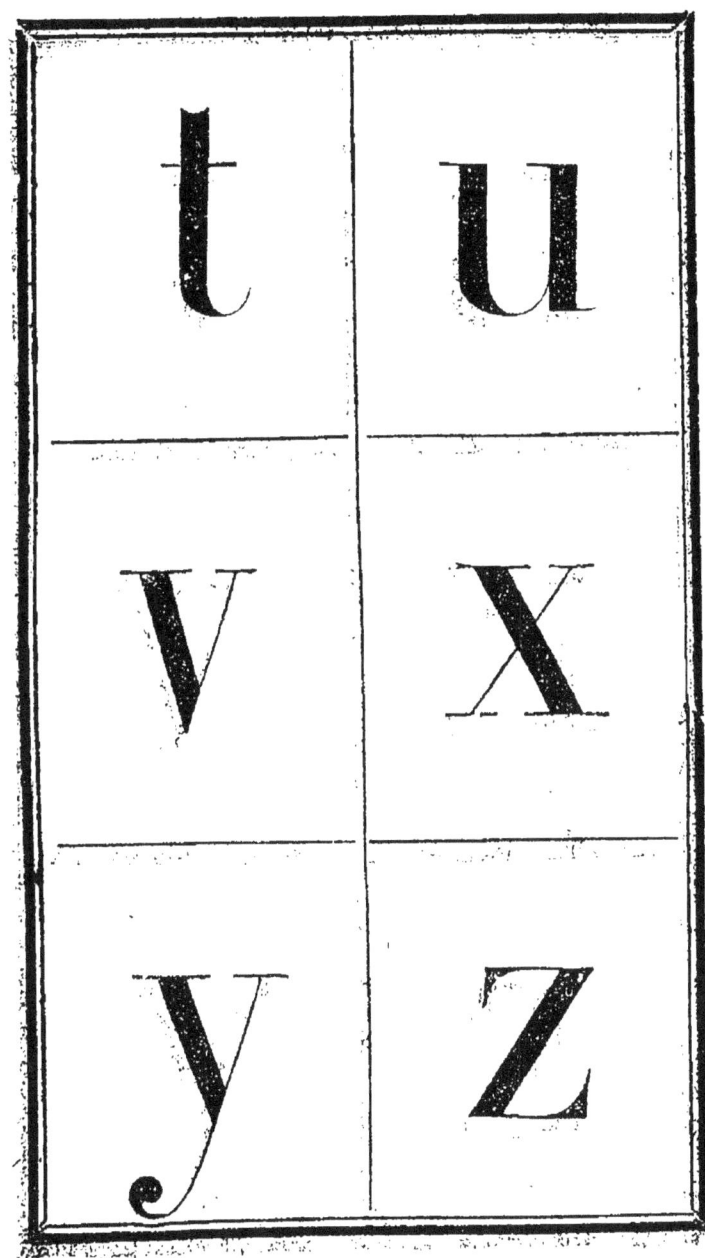

A B C D

E F G H

I J K L

M N O P

Q R S T

U V X Y Z.

A B C D

E F G H

I J K L

M N O P

Q R S T

U V X Y Z.

a b c d

e f g h

i j k l

m n o p

q r s t

u v x y z.

ALPHABET QUADRUPLE,

Ou lettres majuscules et minuscules, courantes, italiques et manuscrites.

A a	B b	C c	D d	E e
A a	*B b*	*C c*	*D d*	*E e*
𝒜 a	ℬ b	𝒞 c	𝒟 dd	ℰ ee
a a	ß b	c c	ⅅ ẟẟ	ℓ ee
F f	G g	H h	I i	J j
F f	*G g*	*H h*	*I i*	*J j*
ℱ f	𝒢 g	ℋ h	𝒥 i	𝒥 j
ꜰ ſ	G g	ɧ ƀ	ℐ i	ʒ ʒ
K k	L l	M m	N n	O o
K k	*L l*	*M m*	*N n*	*O o*
𝒦 k	ℒ ll	ℳ m	𝒩 nn	𝒪 o
ʀ k	l l l	ᴍ m	ɴ u w	ʘ o
P p	Q q	R r	S s	T t
P p	*Q q*	*R r*	*S s*	*T t*
𝒫 p	𝒬 q	ℛ r r	𝒮 s	𝒯 t t
ᴘ p	2 q	ʀ r v	S o a	ℰ t w
U u	V v	X x	Y y	Z z
U u	*V v*	*X x*	*Y y*	*Z z*
𝒰 u	𝒱 v	𝒳 xx	𝒴 y	𝒵 z
v w	v v v	x x x	y y	z z

Voyelles.

a e i ou y o u

Syllabes.

ba be bi bo bu
ca ce ci co cu
da de di do du
fa fe fi fo fu
ga ge gi go gu
ha he hi ho hu
ja je ji jo ju
ka ke ki ko ku

la   le   li   lo   lu
ma   me   mi   mo   mu
na   ne   ni   no   nu
pa   pe   pi   po   pu
qua que qui quo qu
ra   re   ri   ro   ru
sa   se   si   so   su
ta   te   ti   to   tu
va   ve   vi   vo   vu
xa   xe   xi   xo   xu
za   ze   zi   zo   zu.

Lettres doubles et liées ensemble.

æ	œ	fi	ffi
ff	ffl	fl	ffi
fi	fb	fl	ff
ct	ft	w	&
œ	*œ*	*fi*	*ffi*
fi	*ffi*	*fl*	*ffl*
ff	*fb*	*fl*	*ff*
ct	*ft*	*w*	*&.*

Mots les plus faciles à épeler.

Sons simples.

Pa pa.	Papa.
A mi.	Ami.
Mi di.	Midi.
Bo bo.	Bobo.
Co co.	Coco.
Ce la.	Cela.
Ce ci.	Ceci.
Jé sus.	Jésus.

(Mots plus difficiles à épeler)

In digna ti on.
Pa ti en ce.
In di vi si bi li té.
Or phe lin.
I ne xo ra ble.
Scor pion.
Zo di a que.
Pa trouil le.
Ci trouil le.
Bouil li.

Lettres accentuées.

é	(aigu)
à è ù	(graves)
â ê î ô û	(circonflexes)
ë ï ü	(trémas.)

Pâ té

Mè re

Pâ tre

Mê me

Maî tre

A pô tre

Hé ro ï ne

Comment on prononce l'y grec.
(Il tient la place de deux *i*).

Voyage.	Abbaye.
Moyen.	Paysan.
Citoyen.	Yeux.
Payen.	Yeuse.
Pays.	

Comment on prononce ch.

Chez.	Chu-cho-ter.
Chat.	Chi-rur-gien.
Chien	

Cas où l'on prononce ch *comme si c'étoit un k.*

Or-chestre.	Chro-ni-que,
Cho-riste	Chi-ro-man-cie.
Chré-tien.	Cha-os.

Du ç cédille.

Ma-çon.	For-çat.
Re-çu.	Fran-çois.
Gar-çon.	Su-çoter.
Fa-ça-de.	

De l mouillée.

Mouil-ler. — Recueil.
Fil-le. — Ail.
Fa-mil-le. — Pail-le.
Quil-le. — Pail-las-son.
Fail-lir. — Bil-lard.
A-beil-le. — Gail-lard.
O-reil-le. — Co-quil-le.
Cueil-lir.

Du g mouillé.

Rè-gne. — O-gnon.
Pei-gne. — Mon-ta-gne.
Tei-gne. — Cam-pa-gne.
Ro-gnon, — Com-pa-gnie.

Prononciation de ph comme si c'était une f.

Phi-lo-so-phie. — Jo-seph.
Phi-si-que. — Jo-sé-phi-ne.
Phra-se.

h ordinaire.

L'hom-me. — L'hon-neur.
L'hon-nê-te-té. — L'heu-reux.

h *aspirée*.

Le hé-ros.	Le hon-teux.
Le hé-raut.	La Hol-lan-de.
Le har-di.	Le hi-bou.
La hon-te.	

Lettres doubles æ *et* œ.

Mu-sæ.	Cœur.
Ta-bu-læ,	OEuf.
Pa-tu-læ,	Bœuf.
Vœu.	OEil.
Nœud.	OEil-let.

x *prononcé ordinairement*.

Ex-er-ci-ce.	Ex-cès.
He-xa-mè-tre.	Ex-cel-lent.

x *prononcé comme* ss.

Aux-er-re.	Dix.
Six.	

x *prononcé fortement*.

Lu-xe.	Xé-no-phon.
A-xe.	Pa-ra-do-xe.
A-lex-an-dre.	

oi *prononcé comme* ai.

J'ai-mois.   J'a-vois.
Il ai-moit.   Il é-toit.

~~~~~~~~~~~~~~~~~~~~

RÈGLES DE LA CIVILITÉ.

M. D'ALBANE.

Approchez, Élisa, Auguste, Émilie, et toi aussi, petit Prosper; causons un peu ensemble comme des amis. Dis-moi, Auguste, sais-tu ce que c'est que la civilité?

AUGUSTE.

Mon papa, vous nous l'avez dit bien souvent; mais je ne sais pas assez bien m'expliquer pour vous répéter, comme il faut, ce que vous nous avez appris sur cela; soyez assez bon pour nous le dire encore, je tâcherai cette fois de le bien retenir.

M. D'ALBANE.

La Civilité est, en général, la manière d'agir et de converser avec les autres hommes ; elle apprend ce que l'on se doit à soi-même, et les égards que l'on doit à chacun selon sa conduite.

ÉLISA.

Je croyais que pour être civil, il suffisait de saluer poliment les personnes de sa connaissance, de leur souhaiter le bonjour, et de remercier quand on reçoit quelque chose.

M. D'ALBANE.

La civilité s'étend beaucoup plus loin, ma chère petite : elle consiste à ne rien faire contre la bienséance, qui est la convenance des parole et des actions avec les temps, les lieux et les personnes ; elle nous sert à cacher nos imperfections morales et physiques, et à supporter celles que les autres ne veulent et ne peuvent point déguiser.

La civilité est aussi un cérémonial qui a ses règles ; elle diffère selon le pays où l'on est : c'est pourquoi il faut la connaître et la pratiquer pour n'être point grossier, et pour ne déplaire à personne.

La civilité est d'une grande utilité dans le commerce de la vie : elle inspire la douceur, maintient la paix et le bon ordre, et rend les liaisons plus faciles et plus agréables ; elle ôte les vices qui viennent d'un esprit dur ; elle exclut cette grossièreté qui, sous le nom de franchise, se permet souvent des vérités désobligeantes ; elle est enfin un témoignage extérieur de la bienveillance qui devrait toujours être au dedans de soi.

La civilité s'étend sur toutes les actions de la vie, qui doivent être conformes à la bienséance et à l'honnêteté, c'est-à-dire, à l'honneur et à la vertu. Je vais vous prouver, mes enfans, que la civilité regarde les actions les plus ordinaires de la vie, comme les plus importantes : dis-moi, Émilie, de quelle manière tu commences ta journée.

ÉMILIE.

Lorsque je m'éveille, je donne mon cœur à Dieu, pour me mettre sous sa protection, et lui demander les grâces dont j'ai besoin; ensuite je me lève sans me le faire dire deux fois, et je m'habille.

M. D'ALBANE.

Tu ne fais donc point la paresseuse? ta réflexion me plait. Un enfant qui se lève tout de suite et gaiement, fait espérer qu'il remplira ses devoirs de bonne grâce, et même avec plaisir.

Sans doute mon Émilie, tu gardes, en t'habillant, une grande décence et une grande retenue, non-seulement devant les autres, mais encore envers toi-même, parce que Dieu te voit, qu'il est présent partout, et qu'il faut craindre de lui déplaire?

ÉMILIE.

Mon papa, je suis toujours couverte, même quand je suis seule. Maman dit qu'une fille ne saurait être trop modeste; elle veut aussi que je sois propre, et je me lave tous les jours la figure, la bouche et les mains.

M. D'ALBANE.

La propreté entretient la santé : quand on ne se lave point la bouche, on finit par sentir mauvais, les dents se gâtent, on les perd de bonne heure, et l'estomac en souffre. Et toi, Prosper, que fais-tu lorsque tu es habillé?

PROSPER.

Je prie le bon Dieu. C'est lui qui m'a donné mon papa et maman, que j'aime de tout mon cœur. Je lui demande de me les conserver, et de me faire la grâce d'être toujours bien sage.

M. D'ALBANE.

C'est bien, mon ami!.... Et toi, Auguste, que fais-tu après ta prière?

AUGUSTE.

Mon premier soin est de courir dans la chambre de mon papa et de maman, pour m'informer de leur santé et recevoir leur bénédiction.

M. D'ALBANE.

Voilà donc la première partie du jour

employée selon les règles de la civilité ou de la *civilisation*, qui consiste dans la bienséance et l'honnêteté : car vous n'avez rien omis de ce que vous deviez à Dieu, à vos parens et à vous-mêmes. Poursuivons. Élisa, qui est déjà grande, va nous dire comment il faut qu'un enfant se comporte à table, soit chez ses parens, soit ailleurs.

ÉLISA.

Avant de se mettre à table, un enfant doit avoir soin de laver ses mains, s'il ne l'a point fait auparavant.

Il doit attendre, sans se presser, qu'on lui ait montré la place qu'on lui destine.

Il doit dire tout bas son bénédicité et ses grâces, sans se faire remarquer. Nous devons offrir nos repas à Dieu, et le remercier des biens qu'il nous envoie; mais il faut éviter d'attirer l'attention sur soi, dans la crainte de passer pour un petit hypocrite.

M. D'ALBANE.

Élisa a raison. Dieu dit, en parlant de l'aumône : *Que votre main gauche ne sache pas ce que fait votre main droite.* Il en est de même des pratiques religieuses, qui doivent se passer entre Dieu seul et vous. Auguste va nous dire comment on se tient à table.

AUGUSTE.

Pour être à table convenablement, il ne faut être ni trop près ni trop loin, et ne point s'asseoir de côté. On range auprès de son assiette, son couvert, son pain son gobelet, de manière à ne point incommoder ses voisins, on a soin encore de serrer ses coudes contre soi, pour tenir moins de place, et si l'on coupe quelque chose sur son assiette, on évite d'écarter les bras, ou de faire sauter de la sauce à droite et à gauche.

M. D'ALBANE (*regardant Prosper*).

Je connais un petit garçon qui met ses coudes sur la table, chez son papa et sa maman; ce qui est fort laid. On ne doit appuyer que les poignets sur le bord de la table, et tenir son corps droit, sans gesticuler sans cesse des pieds et des mains.

PROSPER.

Mon papa, ce petit garçon-là ne le fera plus. Je sais bien aussi ce qu'il faut faire pour se bien conduire à table.

On place sa serviette sur soi, de manière à conserver ses habits; on s'en sert pour s'essuyer la bouche et les doits, et on ne la laisse pas couler à terre, comme font les petits enfans.

On ne souffle pas sa soupe pour la refroidir; cela n'est pas poli; on la remue doucement avec sa cuillière.

Un enfant ne doit jamais tendre son assiette pour être servi avant les autres; on le prendrait pour un gourmand et un impoli. Il ne faut pas non plus tenir son pain à pleine main; on le laisse à côté de son assiette, en prenant des bouchées qui ne soient pas trop grosses, et en mangeant ensemble la croûte avec la mie.

M. D'ALBANE.

Je suis fort content de toi, mon ami; tu as retenu à merveille les leçons que je t'ai données : j'espère que tu les observeras de même.

Vous remarquerez, vous autres grands, qu'il est incivil de choisir ce qu'il y a de meilleur, quand on vous présente un plat. Et toi, Auguste, souviens-toi qu'on laisse toujours aux dames les morceaux les plus délicats. Émilie nous dira aussi, sans doute, ce qu'elle sait sur la manière de se conduire à table.

ÉMILIE.

Je sais, mon papa, qu'il ne faut manger ni trop lentement ni trop vite, de crainte de paraître gourmand ou d'ennuyer tout le monde ; qu'il ne faut point dire son sentiment sur les mets, à moins que le maître de la maison ne vous le demande, et répondre alors de la manière qui peut lui être la plus agréable.

Quand on trouve dans les mets quelque chose de malpropre, il faut l'ôter adroitement, sans que personne s'en aperçoive.

M. D'ALBANE.

C'est bien; peu à peu nous arriverons. Et toi, Proper, n'as-tu plus rien à nous dire?

PROSPER.

Pardonnez-moi, mon papa; il ne faut pas tenir son couteau sans cesse à la main, la pointe en haut, avec un petit morceau de pain au bout. (*Tous les enfans rient.*) On le prend quand on veut s'en servir, et on le remet ensuite sur la table, sans jouer avec.

AUGUSTE.

Tu pourrais dire aussi, mon frère, qu'on ne doit point prendre avec ses doigts le poivre ou le sel; mais se servir de la cuillère destinée à cet usage, ou de son couteau, après l'avoir bien essuyé, et ne pas prendre de ces choses au point d'en répandre.

M. D'ALBANE.

Je connais un petit garçon, qui est bien loin d'ici, à qui il reste mille choses à apprendre sur les règles de la civilité. Il jette par terre des os, des pelures de fruits, au lieu de les mettre sur le bord de son assiete ; il crache dans sa main les noyaux et les pepins, au lieu de les prendre dans sa bouche avec ses doigts ; s'il a les lèvres grasses, il ne prend pas la peine de les essuyer avec sa serviette, et boit, au risque de salir son verre, et même ayant la bouche pleine. Cet enfant met dans sa bouche de si gros morceaux, et si souvent, qu'on n'ose pas lui adresser la parole, parce qu'il ne saurait répondre, ou que s'il le faisait, il éparpillerait sur lui ce qui est sur le bord de ses lèvres.

PROSPER.

Mon papa, je faisais comme cela quand j'étais petit; mais depuis que j'ai six ans, je vide ma bouche avant d'y mettre une autre bouchée; je les fais aussi assez petites pour que si quelqu'un me parle, je puisse répondre sans faire de sottise.

Je ne tiens plus mon verre comme je faisais tout près du bord, ou à deux mains; à présent je le tiens près du pied comme mon frère; je sais aussi qu'il ne faut boire ni trop lentement ni trop vite, ou à diverses reprises; qu'il ne faut point faire crier ses lèvres comme si on tétait, et que lorsqu'on mange, il est très-vilain de faire du bruit, soit en frappant ses lèvres l'une contre l'autre, soit autrement.

M. D'ALBANE.

Je suis charmé, mon bon ami, que tu sois devenu tout-à-coup si raisonnable; car, s'il m'en souvient bien, tu n'as eu tes six ans que depuis huit jours ; enfin te voilà grand garçon? Ainsi, tu auras soin, quand tu boiras, de ne point laisser errer ta vue de côté et d'autre, de la tenir fixée sur ton verre. Quand je te mènerai dîner en ville, et qu'il y aura des crêmes et d'autres friandises, tu ne les regarderas plus d'un air avide, comme si tu allais tout dévorer ; quand on servira ton voisin, tu auras soin de ne pas examiner ce qu'on met sur son assiette, comme pour voir s'il a quelque chose de meilleur que toi ; tu ne demanderas plus un morceau plutôt qu'un autre : impolitesse que, jusqu'ici, on a passée à ton jeune âge, et qui m'a toujours fait de la peine ; enfin, tu ne recevras plus rien sans remercier poliment. Je suis certain que dorénavant tu te conduiras si bien, que je n'aurai jamais le plus petit reproche à te faire.....

PROSPER.

Oui, mon papa, je vous le promets, et vous ne me verrez plus incommodé, comme autrefois, pour des gâteaux : la gourmandise n'est pardonnable que dans les enfans..... (*Tous rient.*)

M. D'ALBANE.

Nous avons examiné les principales fautes que les enfans sont sujets à faire à table. Voyons à présent ce qui est de la bienséance lorsqu'on se trouve en visite. Dis-moi, Auguste, comment tu te présentes dans un appartement.

AUGUSTE.

Arrivé à la porte d'un appartement, j'ôte mon chapeau d'abord : si je suis avec mon papa et maman, ou d'autres personnes, je les laisse passer avant moi. En entrant, je salue ; je m'approche ensuite du maître et de la maîtresse de la maison, que je salue de nouveau ; et, s'il y a compagnie, je fais un troisième salut pour tout le monde, en commençant par les personnes les plus considérables. Je m'informe de la santé du maître et de la maîtresse de la maison, ainsi que des personnes qui les intéressent ; ensuite je vais m'assoir à la place qui m'est désignée, en tenant mon chapeau à la main, sans en paraître embarrassé ; je me tiens droit, sans affectation, sans remuer les jambes ou les mains par défaut de contenance, et je garde le silence, à moins que quelqu'un ne m'adresse la parole.

M. D'ALBANE.

C'est fort bien commencer. Vous savez, Elisa, et vous, Emilie, que cette manière de se présenter quelque part est la même chose pour les hommes et pour les femmes, à la révérence près. J'observerai que je vois tous les jours des jeunes gens qui s'enfoncent dans leurs siéges, allongent les jambes, et se tiennent avec une indécence qui blesse les personnes honnêtes et bien élevées; tu éviteras de leur ressembler, mon cher Auguste, j'ose l'espérer.

Voici, mes enfans, quelques préceptes généraux auxquels je vous engage à faire attention :

Lorsqu'un enfant se trouve en compagnie, il ne doit point se mêler de la conversation des personnes plus âgées que lui; il faut qu'il apprenne de bonne heure à écouter, sans paraître ennuyé ou distrait : rien ne serait plus malhonnête que de bâiller tout haut, ou de fredonner un air entre ses dents. Si on bâille, il faut éviter qu'on s'en aperçoive, et mettre sa main ou son mouchoir devant sa bouche.

Quand on adresse la parole à un enfant, il doit répondre poliment et avec circonspection, d'une voix douce et modérée, sans abuser de la permission qu'on lui donne, pour devenir grossier ou importun : il est malhonnête d'élever la voix comme si l'on parlait à des sourds.

Un enfant doit parler à chacun selon son âge et le rang qu'il tient dans le monde; s'il parle à ses supérieurs, il doit le faire en peu de mots et avec beaucoup de modestie.

Un enfant qui se permet dans le monde de couper la paroles aux grandes personnes pour leur donner un démenti, et même pour affirmer ce qu'elles disent, donne une preuve frappante de la plus mauvaise éducation.

Pour être agréable en société, il faut étudier l'humeur de ceux avec qui on traite, respecter l'opinion, entendre raillerie, y répondre avec gaieté, ne jamais parler mal d'une personne absente, louer modérément, ne nommer personne dans ses citations, savoir se taire sur les affaires des autres, et garder religieusement un secret confié. Pourrais-tu, Elisa, me dire quelques-unes des règles que l'on doit observer en compagnie?

ELISA.

Vous nous avez dit souvent, mon

cher papa, qu'il ne faut pas s'amuser aux dépens d'autrui ; qu'il est inhumain de contrefaire ceux qui ont des ridicules, ou qui sont disgraciés de la nature; qu'il n'y a que des polissons qui puissent se permettre de faire la grimace aux gens derrière leur dos.

Je sais aussi qu'on ne doit point faire répéter deux fois la personne qui a parlé : c'est une impolitesse. Il ne faut pas non plus parler à l'oreille de son voisin, ni montrer du doigt la personne dont on parle; il est également malhonnête de faire des gestes en parlant, et d'éclater de rire : ces libertés ne sont tolérables qu'avec ses meilleurs amis.

M. D'ALBANE.

Oui, toutes ces choses doivent être observées à la rigueur.

J'ai encore à vous recommander, mes enfans, de ne dire jamais que ce que vous pensez, mais de ne pas dire tout ce que vous pensez : cela est une règle de prudence qui épargne des repentirs.

On ne doit jamais parler d'objets malpropres, ni se servir de termes grossiers ou dégoûtans.

Si vous êtes bons, mes enfans, vous serez gais avec ceux qui sont gais, sérieux avec ceux que l'âge ou le malheur rend graves et tristes.

Ne mentez *jamais*, et n'assurez rien avec serment : dites la vérité nûment et simplement.

Ne vous ingérez point de reprendre les autres : vous vous feriez haïr.

Quand vous auriez tout l'esprit du monde, ne cherchez point à briller; occupez-vous sans cesse de faire briller les autres ; c'est le moyen le plus sûr de gagner l'estime et l'affection des personnes avec qui vous vous trouverez.

Il est ridicule de parler toujours de soi. Il faut, en compagnie, s'oublier entièrement, et n'être occupé que des personnes avec qui on est.

Si quelqu'un fait ou dit devant vous quelque chose dont il ait honte ensuite, ne lui faites point aperçevoir que vous l'ayez remarqué; au contraire, paraissez occupé d'un autre objet.

Ne vous vantez jamais; et si on vous loue, changez adroitement de discours.

N'ôtez rien aux louanges que l'on donne aux autres, on vous croirait envieux.

Prenez la défense des absens, mais sans vivacité et sans blesser ceux qui en parlent.

On peut dire des choses agréables sans être flatteur : il ne faut laisser passer aucune occasion de dire une vérité obligeante.

Ne faites point d'offres de services que vous ne puissiez réaliser. Dans ces circonstances le cœur doit conduire.

Si l'on vous fait un présent, recevez-le avec reconnaissance, quelque léger que soit le don, ayant plus égard à l'intention qu'à la chose donnée.

Ne parlez jamais des présens que vous faites, et, s'il se peut, faites-les de manière à rester inconnu, pour éviter des remercîmens toujours désagréables pour l'amour-propre de celui qui reçoit.

Quand vous êtes quelque part, ne vous permettez jamais d'ouvrir un livre sans en avoir demandé permission. En général, ne touchez à rien ; c'est manquer d'usage : ne fixez point les yeux sur l'adresse d'une lettre, ou sur tel autre papier ouvert devant vous : ce serait une indiscrétion.

Respectez les vieillards et les personnes élevées en dignité ; écoutez-les en silence ; cèdez-leur la place la plus honnorable ; soyez avec eux d'une politesse révérencieuse, qui donne bonne idée de votre cœur et de votre éducation.

Tout le monde éternue et se mouche ; mais les bien élevés se font à peine entendre, et portent leur mouchoir devant leur figure ; il faut, autant que possible, s'abstenir de cracher, ou bien se servir de son mouchoir.

Il n'est plus d'usage de saluer quand on éternue ; mais si quelqu'un vous salue, il faut le rendre.

Voilà, mes enfans en grande partie, ce que vous devez observer dans le monde, pour répondre aux bons soins de vos parens, et vous y faire honneur ; mais avant d'être civils, ayez le cœur droit et des mœurs pures, afin que cette écorce de politesse ne cache point des défauts réels, préjudiciables à votre bonheur.

ABRÉGÉ DE GÉOGRAPHIE.

La terre est ronde; nous marchons sur sa surface. Sur cette grosse boule se trouvent des mers, des empires et des royaumes, qui forment les quatre parties du monde : l'Europe, l'Asie, l'Afrique et l'Amérique.

La mer est un grand amas d'eau dont on ne peut mesurer l'étendue sans la parcourir. Celle qu'on nomme *Océan*, environne toute la terre; et, sous le nom d'Océan méridional (ou du milieu), elle sépare l'Amérique des trois autres parties du monde.

L'Europe, la partie du monde que nous habitons, contient des *empires* et des *royaumes.*

Un *empire* est un vaste état composé de plusieurs peuples, comme l'empire d'Allemagne, l'empire de Russie, l'empire Ottoman. Le chef d'un empire se nomme *Empereur*.

Un *royaume* est un état moins considérable, formé d'un seul peuple, comme la France, l'Angleterre, l'Espagne, la Prusse, le Danemarck, la Suède. Le chef d'un royaume se nomme *Roi*.

Un royaume se divise en *provinces*, qui contiennent chacune des *villes*, des *villages* et des *hameaux*. La ville la plus considérable d'un empire ou d'un royaume se nomme la *capitale*, c'est-à-dire, la principale : ainsi, *Paris* est la capitale du royaume de France.

L'EUROPE.

L'Europe, une des quatre parties du monde, a, au nord, les Iles Britanniques, c'est-à-dire, l'Angleterre et l'Ecosse ; le Danemarck, la Suède et la Russie.

Au milieu, la France, la Hollande, la Suisse, la Confédération du Rhin, l'empire d'Autriche et la Prusse.

Au midi, le Portugal, l'Espagne, l'Italie, la Turquie d'Europe.

L'ANGLETERRE.

Les Iles Britanniques contiennent trois royaumes, l'Angleterre, l'Irlande et l'Ecosse. La population de ces trois états s'élève à 11 millions d'âmes.

L'Angleterre seule est longue de 127 lieues, et large de 100. C'est à Calais que les Français s'embarquent pour passer dans ce royaume. Si le vent est bon, la traversée se fait en trois heures : on aborde à Douvres, qui est à 22 lieues de Londres.

Londres, capitale de l'Angleterre, est située près de l'embouchure de la Tamise. Cette ville a un port magnifique et un pont de la plus grande beauté.

On compte à Londres plus de 10 mille maisons, qui ont à peine 30 ans; elles sont communément à deux étages : il y règne une propreté excessive. Le feu, où l'on brûle du charbon de terre, est composé d'une grille de fer élevée d'un pied, et placée dans un encadrement de fonte ou d'acier du plus beau poli ; une autre grille garantit le tapis qui couvre le plancher.

L'Anglais, le peuple le plus opulent de l'Europe, est beau généralement. La taille, les traits et le teint des femmes, ont fait dire que l'Angleterre est le pays de la beauté.

Les Anglais ont l'âme grande, élevée, beaucoup de raison, de bons sens, d'imagination; leurs manières sont simples et naturelles.

LE DANEMARCK.

Le Danemarck est un royaume du nord de l'Europe. Le printemps et l'automne y sont inconnus ; on y passe subitement du chaud au froid, et du froid au chaud. Dans toutes les provinces septentrionales, les hivers sont si rigoureux, que les habitans traversent la mer en patinant sur la glace.

Copenhague, où le roi fait sa résidence, est la capitale du Danemarck, son port est toujours rempli de vaisseaux marchands; c'est la ville la mieux bâtie de tout le nord, sans en excepter Saint-Pétersbourg. Les rues de Copenhague sont bien pavées; elles ont des trottoirs; plusieurs sont coupées par de larges canaux.

LA SUÈDE.

Le climat de ce royaume du nord est à peu près le même que celui du Danemarck : l'hiver y dure neuf mois. Pendant les trois mois de l'été, la terre se hâte de produire, de mûrir et de donner ses richesses. Dans le nord la végétation est bien plus tardive que dans les pays méridionaux; mais le soleil est quelquefois si ardent, qu'il brûle les forêts. L'hiver vient ensuite avec toutes ses rigueurs; il est si rude, que les habitans ont quelquefois le nez gelé, ainsi que les extrémités des pieds et des mains.

Stockholm, situé sur l'Uplande, est la capitale de la Suède ; son port communique avec la mer Baltique. C'est à Stockholm que le roi de Suède fait sa résidence.

Les Suédois sont luthériens, ainsi que les Danois. Dans ce royaume et dans toutes les cours de l'Europe, on suit à peu près l'habillement et les usages de la France; on ne retrouve que chez les paysans et le petit peuple, quelques vestiges des usages anciens.

Les paysans mènent en Suède une vie laborieuse et sobre, éloignée de toute mollesse; leur nourriture consiste en viandes salées, du poisson, des œufs, du lait et du pain dur. On tue les bœufs à la Saint-Michel, et on les sale pour l'hiver et le printemps suivans. On fait du pain deux fois l'année;

on lui donne la forme d'un grand gâteau rond : ces pains, qui ont un trou au milieu, s'enfilent à des bâtons, et se suspendent au plancher.

La bière est la boisson ordinaire des paysans suédois ; mais ils aiment beaucoup l'eau-de-vie.

Leur habillement est de gros drap, qu'ils font eux-mêmes. Leurs maisons sont de bois ; elles n'ont qu'un étage. La chambre où couche la famille renferme des lits élevés les uns sur les autres : les hommes occupent ceux d'en-haut ; ils y montent avec une échelle.

LA RUSSIE.

La Russie est un vaste état du nord, qui s'étend en longueur, depuis la mer Glaciale jusqu'à la mer Noire, près de Constantinople ; et en largeur, depuis Saint-Pétersbourg (en Europe) jusqu'à la Chine (en Asie). L'immense étendue de la Russie produit une grande diver-

EUROPE
Russie.

Turquie.

sité de climat et de sol. Dans la partie septentrionale, le froid est très-rigoureux : on y voit de la glace et de la neige les trois quarts de l'année. L'été, qui n'est que de deux mois, donne des chaleurs étouffantes, parce que le soleil est constamment sur l'horison. C'est de la *Sibérie*, grande contrée de la Russie septentrionale, que nous viennent les plus belles fourrures.

Saint-Pétersbourg, capitale de l'empire de Russie, est situé à la jonction de la Néva avec le lac Ladoga, au fond du golfe de Finlande.

Un étranger ne peut pas se faire une idée du froid qu'on éprouve à Saint-Pétersbourg ; il est si vif, qu'il fait verser des larmes ; ces larmes se gèlent aussitôt, et restent suspendues aux cils.

Pendant ce rude hiver, les gens du peuple continuent à travailler ; les cochers mènent leurs traîneaux dans les rues, sans paraître affectés du froid ; leurs barbes sont tout en glaçons, et leurs cheveux en sont couverts. Les femmes lavent le linge dans la Néva ou dans les canaux ; elles ouvrent la glace à coups de hache, et trempent leur linge dans ces trous avec leurs mains nues; elles font ce dur métier deux heures de suite ; le thermomètre marquant 60 degrés au-dessous de la glace.

Dans le fort de l'hiver, il arrive quelquefois que les cochers et les domestiques meurent gelés en attendant leurs maîtres. Pour prévenir autant qu'il est possible ces tristes accidens, on allume de grands feux, avec des arbres entiers, dans la cour du palais et dans les principales places; les flammes de ces arbres entassés s'élèvent au-dessus des toits des maisons, et répandent au loin une grande clarté.

Les paysans russes sont en général grands, forts, endurcis à la fatigue. Ils ne connaissent point les lits; ils se couchent sur des bancs, à terre ou sur le poële, espèce de four fait de briques, qui occupe un quart de la chambre, et est plat par-dessus.

LA FRANCE.

La France, dont *Paris* est la capitale, est située dans le climat le plus tempéré de l'Europe, également à l'abri des chaleurs excessives et des froids rigoureux.

Les Français sont remplis de courage, belliqueux, entreprenans, vifs, aimables.

En France, la religion catholique est la dominante.

LA HOLLANDE.

La Hollande, plus basse que la mer, qui la menace de toutes parts, est entrecoupée de canaux : l'air en est épais et le ciel couvert de nuages. L'humidité rouille les métaux et pourrit le bois beaucoup plus promptement qu'ailleurs. Les canaux, qui servent de grandes routes, sont remplis, durant l'été, d'eaux fangeuses et croupies, qui exhalent une odeur désagréable et malsaine.

Amsterdam est la capitale du royaume de Hollande. Cette ville, à 126 lieues de Paris, est l'une des plus belles et des plus commerçantes qui soient au monde. Son port est si grand, qu'il peut contenir plus de mille vaisseaux; il est bordé d'un quai qui a près d'une demi-lieue de long.

Les rues d'Amsterdam sont pavées, et souvent embellies de deux rangées de tilleuls.

Les Hollandais sont robustes, hauts en couleur, graves et flegmatiques (froids). Les femmes ont une physionomie douce, mais calme, qui annonce une grande tranquillité d'âme.

Les Hollandais aiment beaucoup l'argent; cette passion les a portés au commerce, qu'ils ont fait avec autant de succès que de probité.

C'est en Hollande que la propreté tient son empire; tout y est essuyé et lavé chaque jour; les planchers, les murs, tout enfin.

La cabane du pauvre, loin d'être un objet de dégoût, invite au contraire à y entrer : elle est peinte en vert ou en gris; on voit un rideau de mousseline à la croisée; le dedans de la cheminée, garni en faïence, est toujours lavé, propre ou brillant. Si l'on trouve tant de recherche chez le paysan, que sont les maisons des riches!

LA SUISSE.

La Suisse, dont le peuple est généralement heureux, se nomme aujourd'hui *république Helvétique*. Elle est renfermée entre la France, l'Allemagne et l'Italie; elle contient 19 cantons.

Les Suisses sont braves, hardis, industrieux, remarquables par leur fidélité et leur attachement à la liberté de leur pays. Semblable aux anciens Romains, ce peuple est endurci aux fatigues de la guerre et à celles de l'agriculture. Des mœurs simples, une franchise ouverte et naturelle caractérisent l'habitant de la Suisse. La langue allemande est la plus répandue dans le pays. Parmi les cantons, les uns sont catholiques et les autres protestans.

L'ALLEMAGNE.

L'Allemagne est un grand empire qui avoisine la France et la Hollande. Il est moins au nord que le Danemarck et la Suède ; cependant il y fait très-froid l'hiver.

Vienne, capitale de l'empire Autrichien et la résidence de l'Empereur, est située sur la rivière de Vienne et un bras du Danube.

LA POLOGNE.

Au nord de l'Allemagne est la *Pologne*, qui formait jadis un état séparé. Le froid y est presque aussi vif qu'en Russie. Cracovie et Varsovie sont les principales villes de la Pologne ; Varsovie est la capitale du Grand-Duché. On y compte environ 100 mille âmes, dont une partie sont étrangers. Les Polonais ont bonne mine ; ils sont courageux et humains. Parmi la noblesse, on trouve des personnes d'un esprit cultivé, qui ont un ton excellent et la politesse du grand monde.

LA PRUSSE.

Le royaume de *Prusse* a la Pologne au nord, à l'est et au sud, et l'Allemagne à l'ouest. *Kœnisberg*, sa capitale, située sur la rivière du Prégel, a un bon port.

Les Prussiens sont robustes, laborieux et bons soldats. Leurs mœurs ressemblent à celles des autres peuples de l'Allemagne ; ils sont presque tous luthériens ou calvinistes.

L'ESPAGNE.

L'Espagne est séparée de la France par les Pyrénées, qui s'étendent depuis la Méditerranée jusqu'à l'Océan.

L'Espagne est un pays chaud; cependant les montagnes qui environnent Madrid sont souvent couvertes de neige à leur sommet.

Madrid, capitale de l'Espagne, est située sur la rive gauche du Mançanarez ; cette ville est au centre de l'Espagne, et à 225 lieues de Paris. Les rois y font leur résidence dans un palais magnifique qu'on nomme l'*Escurial :* Philippe II, son fondateur, y dépensa six millions de ducats.

LE PORTUGAL.

Le Portugal touche à l'Espagne ; mais il y fait moins chaud, à cause des vents de mer, qui sont très-rafraîchissans.

Lisbonne, située à l'embouchure du Tage, est la capitale du royaume de Portugal. Le port de Lisbonne est un des meilleurs de l'Europe. Cette ville a été entièrement détruite en 1755, par un affreux tremblement de terre qui a coûté la vie à 24 mille personnes.

Les hivers sont assez froids en Portugal; cependant on y voit peu de cheminées; les hommes et les femmes s'enveloppent d'un large manteau de laine qu'ils gardent chez eux, à l'église et même en visites.

LA CORSE.

L'Ile de Corse fait partie du royaume de France; elle est située dans la mer Méditerranée; sa longueur est de 40 lieues, et sa largeur de 15 à 20. Le milieu de l'île n'offre que des montagnes; les plaines sont sur les côtes.

Ajaccio, jolie ville, en est la capitale. Ses habitans sont les plus polis de l'île.

On dit que dans les montagnes, lorsqu'un Corse est malade, sa femme et ses enfans mettent des provisions auprès de lui pour trois ou quatre jours, et vont ailleurs; au bout de ce temps ils viennent voir si le malade est mort ou guéri.

Chez ce peuple, c'est la coutume de battre et d'égratigner à la figure une pauvre femme dont le mari se meurt.

L'ITALIE.

Au nom de *l'Italie*, on se figure un beau ciel, un air pur et chaud, une végétation unique : c'est la nature dans toute sa pompe! Les arts viennent encore embellir ce pays magnifique, dont la langue, si agréable dans la bouche des femmes, et dérivée du latin, rappelle ces fameux Romains, si différens de ceux de nos jours.

NAPLES.

Naples, capitale du royaume qui porte son nom, est une des plus anciennes villes de l'Europe. Cette ville a environ 3 lieues de circuit.

Le luxe règne parmi la noblesse italienne, à un point excessif, mais souvent aux dépens du nécessaire. Les grands suivent les modes qui leur viennent de Paris ou de Londres.

C'est auprès de Naples que se trouve le mont Vésuve, qui vomit continuellement du feu et de la fumée ; c'est là aussi que furent ensevelies les villes d'Herculanum et de Pompéïa, que l'on a découvertes depuis peu de temps.

LA TURQUIE.

La Turquie septentrionale contient l'ancienne Grèce et ses îles.

La nature a prodigué aux habitans de la Turquie ses bienfaits les plus précieux : l'air y est salubre, et d'une pureté qui égaie l'imagination. Le terroir, quoique mal cultivé, est extrêmement fertile ; les saisons y sont régulières et riantes, les eaux aussi limpides que salubres.

Constantinople est la capitale de toute la Turquie, qui s'étend assez loin en Asie. Les environs de cette ville sont de la plus grande beauté ; le grand-Seigneur y fait sa résidence.

Dans l'Orient, les hommes mangent séparément des femmes. Le père de famille fait ses repas presque toujours seul : les enfans dînent et soupent à part. Si le maître a quelques convives, ce sont des parens ou d'intimes amis. Après avoir étendu une toile sur le parquet, on apporte une petite table ronde, de cuivre bien étamé, que l'on pose devant le sofa où le maître est assis avec un ou deux convives ; les autres personnes, s'il y en a, sont assises autour, sur des coussins. Dès que le dîner est servi, chacun porte la main au plat : c'est toujours le maître qui commence.

L'ASIE.

L'Asie, une des quatre parties du monde, est occupée presqu'en entier par les Russes, les Turcs, les Chinois et les Indiens.

LA GÉORGIE, LA MINGRELIE ET LA CIRCASSIE.

Parmi les riches et belles contrées qui sont sous la domination des Russes, des Turcs et des Persans, on compte

ASIE
Circassie.

Chine.

la Géorgie, la Mingrelie et la Circassie, que le ciel paraît avoir regardées avec complaisance. La nature y réunit toutes ses beautés et toutes ses richesses. On voit dans ces lieux fortunés les plus beaux hommes et les plus belles femmes de la terre ; mais ces femmes si belles sont destinées, dès leur enfance, à l'esclavage..... Les Circassiennes, plus belles encore que les Géorgiennes, sont élevées avec soin et délicatesse, pour qu'elles soient d'un plus grand prix. Elles sortent fort jeunes de la maison paternelle, et sont exposées en vente dans la place publique. Marchandée comme le vil bétail, la Circassienne va embellir le *harem* d'un pacha, et quelquefois d'un sultan, qui souvent ne la voit jamais : elle passe sa jeunesse à se parer, et sa vieillesse à s'ennuyer.

LA CHINE.

La Chine est un grand empire de l'Asie, divisé en 15 provinces, dont la moindre est assez grande pour former un royaume. Sa population étonnante monte à 333 millions d'âmes; aussi tout y est cultivé jusqu'au sommet des montagnes. Comme en Russie, le chaud règne dans les provinces du sud; le froid dans celles du nord; au centre la température est modérée.

A la Chine, l'agriculture est considérée comme le premier des arts; les soldats cultivent aussi la terre. L'Empereur lui-même honore l'agriculture par une cérémonie touchante et instructive : après son couronnement, le prince se rend dans le plus beau temple de Pékin; là il offre un sacrifice au Dieu de la terre; ensuite il se revêt d'un habit de laboureur, et prenant la conduite de deux bœufs qui ont les cornes dorées, et d'une charrue vernie de rouge avec les raies d'or, il se met à labourer une petite pièce de terre qui est dans l'enclos du temple.

Pékin, capitale de la Chine, est trois

AFRIQUE

Sahara ou grand désert.

Hottentots.

fois aussi grande que Paris : elle a six lieues de circuit, sans y comprendre les faubourgs. L'Empereur y fait sa résidence.

Nankin, autre grande ville de la Chine, a 12 lieues de circuit, sans compter les faubourgs.

L'AFRIQUE.

L'Afrique est une des quatre parties du monde. Au midi de l'Afrique sont les nègres, que l'on voit esclaves dans différens pays, surtout en Amérique.

LE SAHARA OU GRAND DÉSERT.

Le Sahara est une grande contrée de l'Afrique, qui sépare la terre des hommes blancs de celle des hommes tout-à-fait noirs. Le grand désert est une longue bande stérile, qui, comme une mer de sable, se prolonge jusqu'à la mer Rouge. Ces lieux, en apparence inhabitables, sont cependant occupés par différens peuples, entr'autres les *Ara-*

bes. Ces malheureux peuples, qui font quelquefois cent lieues sans trouver une goutte d'eau, campent sous des tentes; ils ont pour tous meubles quelques peaux, un moulin, des jattes et une natte qui sert de lit à toute la famille.

Les Arabes instruisent leurs enfans à obéir au chef, à respecter les vieillards et à exercer l'hospitalité. Aussitôt qu'un étranger arrive devant les tentes, la première personne qui l'aperçoit lui indique celle qui doit le recevoir; chacun s'empresse pour fournir à ses besoins; on se priverait plutôt du nécessaire que de le laisser manquer de quelque chose. Les Arabes suivent la loi de Mahomet. Ils ont le teint basané, les cheveux noirs et flottans sur leurs épaules.

LE CAP DE BONNE-ESPÉRANCE.

Le Cap de Bonne-Espérance, actuellement aux Anglais, est situé à l'extrémité méridionale de l'Afrique. La ville du Cap est bâtie en briques; les rues en sont tirées au cordeau.

Les Hottentots, anciens habitans de ce pays, dont les Hollandais se sont emparés, n'ont point d'habitation fixe : ils passent d'un endroit dans un autre, selon leurs besoins.

Les Hottentots ont la peau olivâtre, le nez aplati, les narines très-ouvertes, la bouche grande, mais bien meublée, de beaux yeux, les cheveux noirs, courts et frisés, très-peu de barbe; ils n'ont point du tout de sourcils.

Les femmes aiment beaucoup leurs enfans. Le nouveau-né ne quitte plus le dos de sa mère : elle le garde lorsqu'elle travaille, et même lorsqu'elle danse.

L'AMÉRIQUE.

L'Amérique se nomme aussi *le Nouveau-Monde*, parce qu'elle n'est connue que depuis 400 ans. Son nom lui vient *d'Améric Vespuce*, italien qui y fit un voyage en 1497.

Cette quatrième partie du monde se divise en Amérique septentrionale et en Amérique méridionale. Ces deux parties sont jointes par l'isthme de Panama.

On voit encore en Amérique quantité d'îles qui appartiennent à diverses puissances européennes. Les *Etats-Unis*, connus sous le nom de *Pensylvanie*, occupent la partie septentrionale, ainsi que le *Canada*, où l'hiver est long et très-froid, et l'été court et fort chaud, comme dans tous les pays du nord.

Dans la partie méridionale de l'Amérique, se trouvent la *Guiane Française* et le *Pérou*, où sont les riches mines d'or et d'argent. C'est encore dans cette partie que sont les *Cordillières*, grande chaîne de montagnes d'une hauteur prodigieuse. Celle que l'on nomme *Cotopasci*, est élevée au-dessus de la mer de 3126 toises, qui font plus d'une lieue marine. Plusieurs montagnes des Cordillières ont à peu près cette hau-

AMÉRIQUE
Guiane française.

Pag. 90.

Ile d'Otahiti.

teur. Le froid y est si vif, qu'on n'y voit ni plantes ni animaux : elles sont couvertes de neige jusqu'à leur sommet. Il y en a plusieurs qui, devenues *volcans*, jettent des flammes; celle de Cotopasci est de ce nombre.

LA GUIANE FRANÇAISE.

La Guiane française, dont le climat est très-supportable, malgré le voisinage de l'équateur, est une colonie qui dépend du royaume de France, et forme un département avec l'île de Cayenne, sur la côte de la Guiane.

Dans la colonie, le nombre des blancs va à peine à 1200 personnes, sans compter la garnison. Le reste est composé d'esclaves nègres, qui cultivent les plantations.

La Guiane produit du sucre, de l'indigo, du coton, du rocou et des épiceries.

La toilette des colons consiste habituellement en un pantalon bien large et une veste de toile. Les femmes passent une partie de leur vie dans un *hamac*, qui est un filet suspendu. Nulle part, peut-être, on n'est aussi recherché pour cette espèce de meuble, qui est tout à la fois un objet de luxe, d'ornement et de commodité. Ces hamacs, toujours en coton, ont ordinairement six ou sept pieds carrés. On voit des hamacs dans tous les salons, suspendus aux quatre coins. Les créoles s'y asseyent avec grâce, ou plutôt s'y couchent à demi : elles trouvent le moyen de s'y balancer sans peine, en frappant de temps en temps du pied contre le parquet. Les hommes et les femmes se servent de hamac pour aller à la promenade et faire des visites : alors on le fixe à un énorme bambou ; qui porte par ses deux extrémités sur les épaules de deux grands nègres.

L'ILE D'OTAHITI.

L'Ile d'Otahiti, dans la mer du Sud, a été découverte en 1767. Les

voyageurs ont enfin trouvé dans cette
île un peuple heureux; c'est ce qui les a
particulièrement frappés.

La terre de ce beau pays paraît, au
premier coup d'œil, un lieu enchanté ;
on croit voir le jardin d'Eden (le paradis terrestre): un gazon toujours vert,
entremêlé d'arbres fruitiers, est coupé
de petits ruisseaux qui entretiennent
une fraîcheur délicieuse. Les cabanes
des naturels, peu éloignées les unes des
autres, sont ombragées par de grands
palmiers et des bananiers qui, déployant
leurs larges feuilles, servent en même
temps de parure et d'abri ; d'autres arbres couverts de branches d'un vert
sombre, portent des pommes d'or, dont
le goût ressemble à l'ananas.

Après le travail, qui n'a rien de pénible, l'heureux Otahitien, assis ou
couché à l'ombre sur un gazon émaillé
de fleurs, passe ses heures fortunées
dans la conversation ou le repos, au
milieu de mille oiseaux divers, du plus

riche plumage, qui remplissent l'air de leur agréable chant.

Ce peuple nombreux, répandu çà et là, jouit sans contrainte des trésors que la nature verse sur lui à pleines mains; la gaîté, la joie animent les jeux des Otahitiens; la bienveillance se peint dans tous leurs traits : ils sont naturellement aimables, spirituels, bons et hospitaliers.

On ferait un volume des beautés de l'île d'Otahiti. Les hommes de l'île sont parfaitement bien faits. Les femmes ne vont jamais au soleil sans avoir la tête couverte : elles portent un petit chapeau de canne, garni de fleurs ; leur peau est blanche et leurs traits délicats; elles ont surtout des formes très-belles : rien n'est comparable à l'élégance de leur taille.

FIN.

Avallon, imprimerie de F.-N. Comynet.

www.ingramcontent.com/pod-product-compliance
Lightning Source LLC
LaVergne TN
LVHW052108090426
835512LV00035B/1325